BEI GRIN MACHT SICH IHR WISSEN BEZAHLT

Multisensualität und Erlebnisorientierung. Die kommunikationspolitische Wahrnehmungsgestaltung der Globetrotter Ausrüstung GmbH

Max Kremnitz

Bibliografische Information der Deutschen Nationalbibliothek:

Die Deutsche Nationalbibliothek verzeichnet diese Publikation in der Deutschen Nationalbibliografie; detaillierte bibliografische Daten sind im Internet über http://dnb.d-nb.de abrufbar.

ISBN: 9783346540775
Dieses Buch ist auch als E-Book erhältlich.

Hochschule für angewandtes Management

Fakultät Wirtschaftspsychologie

Sommersemester 2021

Präsentationsunterlage

Kurs: Multisensualität und Erlebnisorientierung der Markenführung

Die kommunikationspolitische Wahrnehmungsgestaltung der Globetrotter Ausrüstung GmbH im Hinblick auf Multisensualität und Erlebnisorientierung

vorgelegt von

Max Kremnitz

1. Semester

Tag der Einreichung: 14.09.2021

II.   Abstract

Deutsch:

In dieser schriftlichen Präsentationsunterlage, welche auf einem bereits abgehaltenen Vortrag basiert, geht es um das Thema Multisensualität und Erlebnisorientierung anhand der kommunikationspolitischen Wahrnehmungsgestaltung der Globetrotter Ausrüstung GmbH. Hierfür wird, nach einer Unternehmensvorstellung und theoriebezogenen Einführung in die Thematiken, die Multi-Channel-Strategie von Globetrotter im Online- als auch Offlinebereich mithilfe der synästhetischen Wahrnehmung analysiert. Im Detail wird dafür bei jedem Wahrnehmungskanal eine Gegenüberstellung des Onlineshops von Globetrotter und einer ausgewählten Erlebnisfiliale praktiziert. Anschließend werden die, aus den fünf Wahrnehmungskanälen resultierenden, Erkennt-nisse in ein Verhältnis zu der wahrnehmungsbezogenen Erlebnisorientierung gesetzt so-wie anhand einer Beispielsemotion und einem Beispielsvorhaben beschrieben. Das Re-sultat dieser literarischen Arbeit zeigt dabei, dass die Multisensualität und Erlebnisorien-tierung in Anbetracht der übersättigten Märkte viele neue Ansätze und erfolgsverspre-chende Implementierungsmaßnahmen bieten, um beispielsweise eine neue Marke-tingstrategie zu entwickeln oder eine bereits bestehende zu verändern. Weiterhin betont diese Präsentationsunterlage aber auch den dringenden Forschungsbedarf dieser Thematiken und beschreibt aktuelle Forschungslücken, welche in Zukunft geschlossen werden sollten.

English:

This written presentation document, which is based on a lecture that has already been held, deals with the topic of multisensory integration and experience orientation based on the communication-political perception of Globetrotter Ausrüstung GmbH. For this purpose, after a company presentation and a theory-based introduction to the topics, the multichannel marketing strategy of Globetrotter in both the online and offline areas is analysed with the help of the synaesthetic perception. Therefore, a comparison in detail of the online shop of Globetrotter and a selected Discovery Branch is practised for each perception channel. Then the findings resulting from the five percep-tion channels are put in relation to the perception-related experience orientation and de-scribed using an example emotion and an example project. The result of this literary work shows that the multisensory integration and experience orientation in view of the oversaturated markets offer many new approaches and promising implementation measures, for example to develop a new marketing strategy or to change an existing one. Furthermore, this presentation document also emphasizes the urgent need for investigation on these topics and describes current research gaps which should be closed in the future.

III.   Inhaltsverzeichnis

II.   Abstract.. II

IV.   Abbildungsverzeichnis... V

1.   Einleitung... 1

2.   Allgemeines über das Unternehmen 2

3.   Wissenschaftliche Relevanz der anzusprechenden Thematiken 5

4.   Das multisensuale Multi-Channel-Strategie 8

    4.1.   Die visuelle Wahrnehmung... 9

    4.2.   Die akustische Wahrnehmung 10

    4.3.   Die taktile Wahrnehmung 12

    4.4.   Die gustatorische Wahrnehmung.. 13

    4.5.   Die olfaktorische Wahrung 14

5.   Die wahrnehmungsbezogene Erlebnisorientierung... 16

6.   Zusammenfassung und Ausblick 18

7.   Literaturverzeichnis 21

IV. Abbildungsverzeichnis

Abbildung 1: Die Globetrotter Ausrüstung GmbH 2

Abbildung 2: Die modellbasierte Einordnung der multisensualen Markenführung 5

Abbildung 3: Multi-Channel-Strategie von Globetrotter 8

Abbildung 4: Die visuelle Online- und Offlinewahrnehmung von Globetrotter 10

Abbildung 5: Die akustische Online- und Offlinewahrnehmung von Globetrotter 11

Abbildung 6: Die taktile Online- und Offlinewahrnehmung von Globetrotter 13

Abbildung 7: Die gustatorische Online- und Offlinewahrnehmung von Globetrotter .. 14

Abbildung 8: Die olfaktorische Online- und Offlinewahrnehmung von Globetrotter ... 15

Abbildung 9: Die wahrnehmungsbedingte Erlebnisorientierung von Globetrotter 16

Abbildung 10: Die Umsetzung der synästhetischen Wahrnehmung 18

1. Einleitung

„They will forget what you said, but they will never forget how you made them feel." (Neumann, 2006, S. 9)

Dieses Zitat ist eine ziemlich gute Zustandsbeschreibung des aktuellen Konsumententums, womit sich diese Präsentationsunterlage befasst. Es geht also darum, dass sich Marken im Angebotsmeer immer mehr differenzieren müssen, um wahrgenommen zu werden und dementsprechend einen positiven emotionalen Charakter zu bekommen, welcher, wie im Zitat beschrieben, nicht so einfach vergessen werden kann (Esch & Krieger, 2009, S. 10). Heutzutage muss sich daher eine Marke einem harten Kampf stellen (Geist, 2008, S. 1). Aufgrund der Globalisierung haben nämlich nahezu alle Märkte ihre Sättigungsphase erreicht und der Verdrängungswettbewerb wird aufgrund der Digitalisierung zunehmend stärker. Im Detail bedeutet dies, dass die einzelnen Produkte sich ähneln und nahezu identisch in Qualität und Funktionalität sind, was sie alle zu austauschbaren Gütern werden lässt (Salvenmoser, 2008, S. 2). Somit lastet ein immenser Druck auf den Marketeers, welche versuchen, ihr Produkt in dem Markenpool einzigartig herausstechen zu lassen. Doch wie kann dieser Druck bewältigt werden? Zur Differenzierung gegenüber der Konkurrenz wird in vielen Fällen die Werbeaktivitäten gesteigert, denn mehr Werbung erhöht, laut Aussagen vieler Praktiker, die Kaufbereitschaft. Aber ist das wirklich so? Leider erhöhen sich bei dieser Strategie meist nur die zu investierenden Kosten, aber nicht die Aufmerksamkeit der Kunden (Geist, 2008, S. 2). Das liegt daran, weil viele Werbebotschaften einen Informationsüberschuss erzeugen, welcher die Aufnahmebereitschaft der Konsumenten mindert. Diese Reizüberflutung überlastet die menschlichen Sinne und wirkt sich außerdem nachweislich negativ auf das Informationsinteresse der Kunden aus. Bei dieser Werbestrategie erhöhen sich also nur die Kosten, wobei das Interesse und die Kaufbereitschaft der Kunden sinken (Salvenmoser, 2008, S. 3). Wie kann ein Unternehmen also eine Werbestrategie implementieren, bei welcher nicht nur viel Input (Kosten) für kaum/keinen Output (Kunden) entsteht? Die Antwort auf diese Frage soll in dieser literarischen Arbeit, angelehnt an eine bereits abgehaltene Präsentation, theoretisch mit der Multisensualität sowie der dazugehörigen Erlebnisorientierung beantwortet werden als auch zeitgleich mit einem erfolgreichen und vorab ausgewählten Unternehmen (Globetrotter Ausrüstung GmbH) abgeglichen werden.

2. Allgemeines über das Unternehmen

Bevor es um die, in der Einleitung angesprochenen, Theorien geht, welche im nachfolgenden Kapitel detailliert aufgeführt werden, sollte vorher das, in dieser Arbeit betrachtete, Unternehmen Globetrotter vorgestellt werden. Hierfür bietet die nachfolgende Folie einen grundlegenden Überblick.

Abbildung 1: Die Globetrotter Ausrüstung GmbH (in Anlehnung an Globetrotter, 2021, S. 1)

Doch warum ist gerade Globetrotter für das Thema Multisensualität und Erlebnisorientierung so hervorragend geeignet?

Dies liegt einerseits daran, dass Globetrotter, neben zwei erlebnisorientierten Outlets, in Summe sechs verschiedene Erlebniseinkaufsfilialen besitzt, welche auch am meisten mit diesem Unternehmen assoziiert werden (Mayer, 2020, S. 1). Auf diese Art und Weise verkauft das Unternehmen nicht nur die 400000 Produkte aus den Kategorien Outdoorjacken, Outdoorhosen, Fahrradbekleidung, Kinderhosen, Zelte, Funktionsunterwäsche, Kinderschuhe, Isomatten, Tagesrucksäcke, Kinderjacken, Outdoor-Schuhe und Reiseplanung mit den dazugehörigen nennenswerten Marken wie Jack Wolfskin, The North Face, Deuter, Lowa, … . Globetrotter verkauft dadurch vor allem einprägsame Emotionen, welche von den Kunden gespeichert und kognitiv fest verankert werden (Heinemann, 2019, S. 1). Neben den Erlebnisfilialen ist das Unternehmen zudem noch sehr kundenorientiert und bietet beispielsweise 36 Monate Garantie auf alle Artikel und einen stets klimaneutralen Versand an. Es soll also neben dem Offlinekauferlebnis auch das Online-kauferlebnis bestmöglichst wahrgenommen werden. Im Detail kann man zu alledem online als auch offline immer wieder das Siegel „Eine Grüne Wahl" erlesen. Dieses Siegel, welches größtenteils auf den Produkten eingeprägt ist, präsentiert quasi den Megatrend Neo-Ökologie (Zukunftsinstitut, 2021a, S. 1). Doch das ist nicht der einzige angesprochene Megatrend. Bei Globetrotter können auch Zelte einfach nach dem Motto von Sharing Economy ausgeliehen statt nur gekauft werden. Sharing Economy ist das systematische Ausleihen von Gegenständen und gegenseitige Bereitstellen von Gegenständen, Räumen und Flächen insbesondere durch Privatpersonen und Interessengruppen (Bendel, 2021, S. 1; Zukunftsinstitut, 2021b, S. 1). Nach dieser Grünen Wahl richtet sich weiterhin auch der sogenannte Globetrotter Weg. Dieser Globetrotter Weg, bestehend aus dem Kompass, den Unterstützer, der Stakeholderinitiative, den Verhaltenskodex und der Nachhaltigkeitsagenda, spiegelt sozusagen die internen- und externen Unternehmenswerte wider. Dabei steht der Kompass für die Subkategorien Natur (Nachhaltigkeit), Ökonomie (beste Qualität), Soziales (positives Miteinander) und Wohlbefinden (intern und extern). Vor allem der Bereich Soziales wird in Form von Unterstützung angesprochen, da das Unternehmen den Viva con Agua e.V. (Trinkwasserverein für Afrika) als auch den deutschen Alpenverein mit jeder getätigten Einnahme finanziell unterstützt. Im Verhaltenskodex spiegelt sich der Globetrotter Weg vorrangig bei den Themen Umweltschutz, soziale Gerechtigkeit, kulturelle Vielfalt und Schutz von Kinderrechten wider, was sogar so weit geht, dass Globetrotter ein ausgewähltes Dokument als Auflage für alle Marken und Lieferanten anbringt, welche zwingend für eine Zusammenarbeit erfüllt werden müssen. In der Nachhaltigkeitsagenda geht es daher um die Themen Zirkularität und Erneuerbarkeit, Nachhaltigkeit bei Marken als auch Produkten, Transparenz sowie Wegbegleitung, Klimaschutz, aber auch um die gesellschaftliche Verantwortung. Weiterhin ist das Unternehmen in Form der Stakeholderinitiative in den Zusammenschlüssen Fair Labour Association, Textile Exchange, Sustainable Apparel Coalition, European Outdoor Group und Global Compact aktiv, um die Welt langfristig zu einem besseren Ort zu machen (Globetrotter, 2021, S. 1).

Alles in allem ist Globetrotter also ein Social Business zu verstehen, welches mithilfe des Unternehmertums versucht die gesellschaftlichen Probleme wie Klimaschutz anzugehen beziehungsweise zu lösen (Zukunftsinstitut, 2017, S. 1). Als Strategie setzt Globetrotter dabei vorrangig auf eine multisensuale- und erlebnisorientierte Multi-Channel-

Marketingstrategie, welche sich daher für diese Präsentationsunterlage als Benchmarkunternehmen anbietet.

3. Wissenschaftliche Relevanz der anzusprechenden Thematiken

Wie bereits erwähnt sorgt die Globalisierung für übersättigte Märkte, wodurch nahezu jedes Produkt austauschbar wird. Aufgrund dessen beschäftigt sich diese Präsentationsunterlage mit der Thematik der multisensualen Markenführung (Salvenmoser, 2008, S. 23). Um sich mit diesem Thema aber überhaupt auseinandersetzen zu können, sollte zunächst ein Blick in die nachfolgende Abbildung geworfen werden.

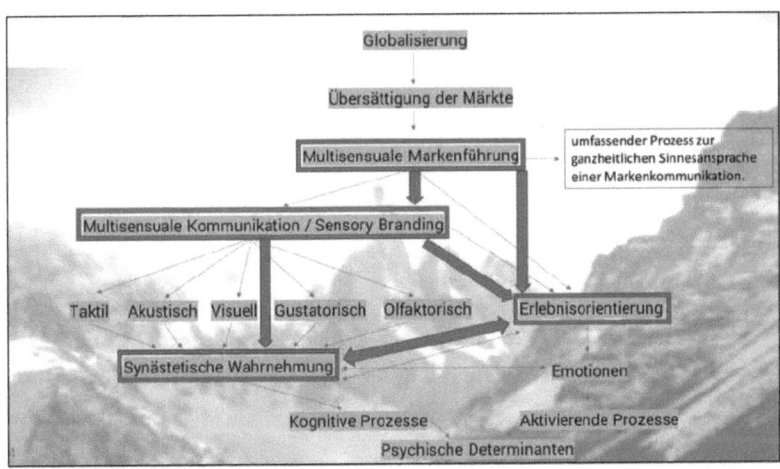

Abbildung 2: Die modellbasierte Einordnung der multisensualen Markenführung (in Anlehnung an Esch, 2018a, S. 1; Esch, 2018b, S. 1; Salvenmoser, 2008, S. 23)

In diesem Modell wird die multisensuale Markenführung als ein umfassender Prozess zur ganzheitlichen Sinnesansprache einer Markenkommunikation definiert (Esch, 2018a, S. 1). Echte multisensuale Markenführung ermöglicht nachhaltige Erlebnisse und langanhaltende, positive Markenerinnerungen (Kilian, 2019, S. 11). Um diese Echtheit zu garantieren betont Franz Rudolph Esch nicht nur die Wichtigkeit der Implementierung, sondern auch den Forschungsbedarf von der multisensualen Markenführung (Esch, 2018a, S. 1). Die Voraussetzung für eine erfolgreiche multisensuale Markenkommunikation ist außerdem die dazugehörige multisensuale Kommunikation, was auch Sensory Branding genannt wird (Esch, 2018b, S. 1). Multisensuale Markenkommunikation beschreibt die modalspezifische Erlebnisvermittlung einer Marke in der Kommunikationspolitik, welche zeitgleich mit einer Ansprache mehrerer oder aller Sinnesorgane beim Konsumenten einhergeht, wodurch die Wahrnehmung intensiver sowie vielschichtiger wahrgenommen wird und dabei zudem das Ziel verfolgt, ein ganzheitliches Markenbild zu erschaffen (Esch & Krieger, 2009, S. 10ff.; Salvenmoser, 2008, S. 23). Die multisensuale und ganzheitliche Sinnesansprache ermöglicht also die persönliche, direkte und interaktive Begegnung zwischen Unternehmen als auch Kunden, wodurch sich einzigartige- sowie nachhaltige Erlebniserinnerungen generieren lassen (Springer, 2008, S. 191). Franz Rudolph Esch betont aber auch an dieser Stelle, dass der Bereich des Sensory Branding aktuell zu wenig erforscht ist, wobei die Erfolgschancen als sehr hoch einzuschätzen gelten und sich auch in der Praxis widerspiegeln (Esch, 2018b, S. 1). Eine Studie von Hulton hat sich beispielsweise mit der multisensualen Kommunikation im Allgemeinen beschäftigt. In dieser Studie fand Hulton heraus, dass eine kommunikationspolitische Marketingstrategie unter Einbezug aller fünf Sinne deutlich effektiver ist, als sich nur auf die Unisensualität zu fokussieren (Hultén, 2011, S. 256–269). Für eine multisensuale Kommunikation ist also eine synästhetische Wahrungsansprache unabdingbar. Wahrnehmung ist der Prozess der Informationsverarbeitung, durch den aufgenommene Umweltreize entschlüsselt und gedeutet werden. Weiterhin erfolgt in der Kombination mit anderen Informationen die Verarbeitung zu subjektiven, inneren Bildern (Kirchgeorg, 2018a, S. 1). Synästhesie wiederum bedeutet die gleichzeitige Wahrnehmung und Empfindung beziehungsweise Kopplung unterschiedlicher Sinnesmodalitäten (Traindl, 2010, S. 283–300). Das bedeutet im Detail, dass es sich bei der synästhetischen Wahrnehmung um den Prozess der Informationsverarbeitung mithilfe der Kopplung unterschiedlicher Sinnesmodalitäten handelt, wodurch die aufgenommene Umweltreize entschlüsselt und gedeutet werden. Neben diesen kognitiven Prozessen gibt es noch die affektiven Prozesse, wozu die Erlebnisorientierung auch weitläufig gehört (Swoboda & Forscht, 2018, S. 1). Bei der Erlebnisorientierung handelt es sich daher um das Ziel der multisensualen Markenführung als auch dem Sensory Branding und sie entsteht durch die synästhetische Wahrnehmung (Brakus et al., 2009, S. 60). Diese Verknüpfungen der beiden psychischen Determinanten ist auch in der Abbildung deutlich zu erkennen. Weiterhin ist die Erlebnisorientierung unmittelbar mit den menschlichen Emotionen verbunden. Emotionen, welche in Affekt, Gefühl und Stimmung untergliedert werden, sind psychische Erregungen oder innere Empfindungen, welche angenehm oder unangenehm empfunden und mehr oder weniger bewusst erlebt werden. Die Emotion ist daher ein komplexes Muster aus physiologischen Reaktionen, Gefühlen, kognitiven Prozessen sowie Verhaltensreaktionen (Maier et al., 2018, S. 1; Misek-Schneider & Karla, 2014, S. 1). Die Emotionen zählen jedoch letzten Endes zu den affektiven Prozessen, welche im Zusammenspiel mit den kognitiven Prozessen die psychischen Determinanten bilden und den Kern des Schalenmodells des

Käuferverhaltens darstellen. Dieses Modell, welches im Marketing jedermann bekannt sein sollte, gibt einen ganzheitlichen Überblick über die Grundlage jeder verhaltenswissenschaftlicher Erklärung des Konsumentenverhaltens, indem es eine didaktisch wertvolle Trennung zwischen psychischen, persönlichen sowie sozialen und kulturellen Determinanten ermöglicht (Swoboda & Forscht, 2018, S. 1; Weiber, 1996, S. 33). In Anbetracht der Umfänglichkeit, welche für diese Literaturarbeit bei 15-20 Seiten liegt, geht es in dieser Präsentationsunterlage allerdings nur um die psychischen Determinanten inklusive der dazugehörigen Unterthemen, welche auch in der Abbildung zwei veranschaulicht sind. Die psychischen Determinanten können, wie bereits erwähnt, laut Kroeber-Riel und Weinberg, in die aktivierenden- und kognitiven Prozesse unterteilt werden (Kroeber-Riel & Weinberg, 2003, S. 49). Wichtig hierzu ist noch, dass keiner dieser Prozesse ohne den anderen funktioniert beziehungsweise abläuft. Vielmehr ist einer dieser Prozesse beim Kaufverhalten des Konsumenten dominanter ausgeprägt (Kroeber-Riel et al., 2009, S. 52). Aktivierende Prozesse sind als Vorgänge, die mit inneren Erregungen und Spannungen verbunden sind und das Verhalten antreiben, zu verstehen. Hierzu zählen die Emotion, Motivation und Einstellung. Kognitive Prozesse sind hingegen Vorgänge, durch die das Individuum Informationen aufnimmt, Informationen verarbeitet und Informationen speichert. Anders formuliert beinhalten die kognitiven Prozesse die Wahrnehmung, die Entscheidung und das Lernen (Kroeber-Riel et al., 2009, S. 51ff.). In Bezug auf diese Präsentationsunterlage werden daher im nachfolgenden Kapitel zuerst die kognitiven Prozesse in Form der synästhetischen Wahrnehmung betrachtet. Anschließend findet im übernächsten Kapitel noch eine Analyse der durch die Wahrung bedingten Erlebnisorientierung statt, welche wiederum zu den affektiven Prozessen gehört. Da jedes der angesprochenen Themen sehr umfangreich ist und teilweise auch schon größtenteils erforscht wurde, fokussiert sich diese Präsentationsunterlagen auf die grau hinterlegten Begrifflichkeiten der Abbildung zwei. Dies ist begründet, da vor allem diese Thematiken viele Lücken in der aktuellen Forschung aufweisen und für das künftige Bestehen am Markt trivial wichtig sind.

4. Das multisensuale Multi-Channel-Strategie

In diesem Kapitel der Arbeit geht es um die multisensuale Multi-Channel-Strategie der Globetrotter Ausrüstung GmbH. Diese ist in der nachfolgenden Abbildung vollständig ausgeführt.

Diese Abbildung wurde aus urheberrechtlichen Gründen von der Redaktion entfernt.

Abbildung 3: Multi-Channel-Strategie von Globetrotter (in Anlehnung an Globetrotter, 2021, S. 1; Schmeling, 2016, S. 1)

Der Kern der Multi-Channel-Strategie liegt, wie in der Abbildung drei ersichtlich, auf der Maximierung der Performance jedes einzelnen Kanals (Schmeling, 2016, S. 1). Der Begriff Multi-Channel ist also ein Mehrwegabsatz, welcher durch die gleichzeitige parallele Nutzung verschiedener Absatzwege gekennzeichnet ist. Es handelt sich demzufolge um nichts Neues, sondern um den Versuch, unterschiedliche Kundengruppen mit unterschiedlichen Distributionskanälen zu erreichen (Hurth, 2002, S. 9). Globetrotter benutzt in Bezug auf diese Definitionen den Kataloghandel, den Offlinehandel in Form von Einkaufs- und Erlebnisfilialen sowie Outlets als auch den Onlinehandel in Form von einem Onlineshop und einer Onlineapplication (App) für Mobile Devices als Absatz-, Vertriebs- und Distributionskanal. Beworben werden diese Vertriebskanäle mithilfe der Social-Media-Channels und der speziellen Globetrotter Applications. Die Eventapplication ist beispielsweise eine App für aktuelle Events in den Globetrotterfilialen, das jährliche Globetrotter Tracking Camp oder für exklusive Events für die Globetrotter Club Members. A-propos Globetrotter Club gibt es noch einen nennenswerten Fakt anzufügen. Die

Mitglieder des Clubs haben, neben den exklusiven Events und Angeboten, in Summe 40 Tage Rückgaberecht auf alle Artikel, während andere Kunden nur 30 Tage haben. Dies sind 26 Tage mehr als die gesetzliche Norm nach § 355 BGB (Widerrufsrecht bei Verbraucherverträgen) vorschreibt, was vor allem für den später folgenden Punkt der taktilen Wahrnehmung relevant ist. Des Weiteren gibt es noch den sogenannten LocalXplorer, welcher die Kunden beziehungsweise Menschen zum Wandern, Paddeln oder Mountainbiken animieren soll. Dabei müssen die User verschiedene Challenges bewältigen, um Punkte zu erhalten, welche letztlich in Warengutscheine zu transferieren gehen (Globetrotter, 2021, S. 1). Alles in allem versucht Globetrotter mit jedem einzelnen Kanal die Performance des anderen- sowie des eigenen zu verbessern. Wie gut dies der Unternehmung gelingt, wird in den nachfolgenden Unterpunkten der synästetischen Wahrnehmung kritisch unter die Lupe genommen.

4.1. Die visuelle Wahrnehmung

Bevor es in diesem Unterpunkt der synästhetischen Wahrnehmung um die Visualität von Globetrotter geht, solle noch kurz etwas zu der Clusterung beziehungsweise Gegenüberstellung der unterschiedlichen Channels erwähnt werden. Generell werden alle fünf Wahrnehmungsbereiche der synästhetischen Wahrnehmung nach den Bezeichnungen Onlinehandel (Application und Homepage haben einen identischen Aufbau) und Offlinehandel (Stationärer Handel) kategorisiert, getrennt und gegenübergestellt. Als Offlinehandel wird hierbei die Erlebnisfiliale mit dem Standort näher betrachtet, da aus Kostengründen nicht alle Standorte von Globetrotter besucht werden konnten.

Laut dem Institut für integrierte multisensorische Markenbildung liefert der Sehsinn rund 80% aller Informationen aus der Umwelt, die im Gehirn verarbeitet werden, womit der visuelle Sinn für das Marketing der Wichtigste ist (NotaSensorik®, 2010, S. 29f.). Gerade in Bezug auf die Erlebnisorientierung und Multisensualität als auch das allgemeine Marketing ist der visuelle Sinn der Relevanteste von allen und an dem sich auch am meisten vergangen wird. Beispielsweise durch das Ausnutzen von Wahrnehmungstäuschungen beziehungsweise optischen Täuschungen werden manche Produkte visuell größer dargestellt als sie eigentlich sind (Killian, 2010, S. 52; Mai, 2021, S. 1; Nölke & Gierke, 2011, S. 129). Im Hinblick auf die visuelle Wahrnehmung ergibt sich für die Globetrotter Ausrüstung GmbH daher folgendes Resultat:

Diese Abbildung wurde aus urheberrechtlichen Gründen von der Redaktion entfernt.

Abbildung 4: Die visuelle Online- und Offlinewahrnehmung von Globetrotter (in Anlehnung an Globetrotter, 2021, S. 1)

Online kann man bei Globetrotter beobachten, dass mit vielen Bildern, welche sofort ins Auge stechen, gearbeitet wird. Vor allem aber agiert das Unternehmen standortbezogen durch die Methoden des sogenannten URL-Trackings. Dies sieht man beispielsweise in der Abbildung, wo der Goldene Reiter eindeutig zu erkennen ist und dem-nach jedem Kunden aus dieser Region ins Auge stechen wird. URL-Tracking bezeichnet im Übrigen ein Link, der bestimmte Identifikationsschlüssel oder Parameter zum Verfol-gen enthält (NOVALNET AG, 2020, S. 1). Doch nicht nur im Onlinebereich setzt Glo-betrotter visuelle Reize ein. Im Offlinebereich beziehungsweise in der Erlebnisfiliale lässt sich beispielsweise der Einsatz des Arena Prinzips beobachten. Das Arena-Prinzip dient dazu den Verkaufsraum übersichtlicher und transparenter zu gestalten. Wie in einer Arena steigt hier die Regalhöhe vom Gang bis zur Rückwand des Ladens terras-senförmig an (Heil, 1999, S. 1). Weiterhin finden sich in den Verkaufsgebäude viele sehr gute visuelle Ausgestaltungen, wie beispielsweise die Deckenplatten des Gebäudes oder das Riesentaschenmesser, welche in der Abbildung vier ersichtlich sind, wieder und es wird massig visuelles Wissen eingesetzt, was, laut Trommsdorf, besser für die kognitive Verarbeitung ist als nur der alleinige Einsatz von semantisches Wissen (Trommsdorff & Teichert, 2011, S. 87).

4.2. Die akustische Wahrnehmung

Die Akustik ist neben der visuellen Wahrnehmung das zeitwichtigste Werkzeug im mul-tisensualten Marketing (Nölke & Gierke, 2011, S. 129). Dafür wird die akustische

Wahrnehmung der Konsumenten gezielt mithilfe des sogenannten Sound Brandings angesprochen. Sound Branding, akustische Markenführung, Acoustic Branding, Audio Branding als auch Sonic Branding sind Begriffe, welche in ihrer Bedeutung in den Medien- und Kommunikationswissenschaften synonym verwendet werden (Steiner, 2009, S. 47). Generell wird beim Sound Branding einem Unternehmen oder einer Marke eine akustische Identität gegeben. Dies wird auch Corporate Sound genannt und ist essentiell für die Multisensualität und die synästhetische Wahrnehmung (Steiner, 2009, S. 7). Das Resultat der akustischen Wahrnehmung von Globetrotter ist in der nachfolgenden Abbildung veranschaulicht.

Diese Abbildung wurde aus urheberrechtlichen Gründen von der Redaktion entfernt.

Abbildung 5: Die akustische Online- und Offlinewahrnehmung von Globetrotter (in Anlehnung an Globetrotter, 2021, S. 1)

Klar zu erkennen ist, dass Globetrotter im Onlinebereich auf den Social-Media-Channel YouTube aufbaut. Die Videos auf dieser Plattform enthalten zwar auch visuelle Stimuli, jedoch wird auch viel auf die akustische Markenführung geachtet. Der YouTube-Channel im Allgemeinen bezieht sich auf die Themen Wissen, Reisen, Tipps und Tricks, Produkte sowie den LocalXplorer. Auch wenn in den Videos kein eindeutiger Teaser zu hören ist, setzt Globetrotter ein Testimonial namens Tom ein, welcher jedes Video mit den wiederkennenden Worten „servus & moin moin" beginnt. Des Weiteren benutzt die Globetrotter Ausrüstung GmbH einen Podcast, um das Sound Branding zu gewährleisten. Auch hier werden die Themen Wissen, Reisen sowie Tipps und Tricks angesprochen, wobei der Podcast auf Apple, Deezer, Spotify oder auf der Globetrotterhomepage zum Teilen als auch Downloaden verfügbar ist. Bei diesem Podcast wird zum Anfang auch immer ein

Teaser verwendet (Globetrotter, 2021, S. 1). Bevor es gleich zur Analyse der akustischen Wahrnehmung im Offlinebereich kommt, sollte noch ergänzend erwähnt werden, dass Globetrotter auch eine Telefonberatung anbieten. Dies ist deshalb so relevant, da diese auch ausschließlich über den akustischen Kanal abläuft und da auch hier Globetrotter viele musikalische Elemente beim Anruf mit einbaut. Im Erlebnisstore ist es hingegen überall still, abgesehen von einem DAB+ Radio an den Kassen, welche sich auf jeder Etage befinden. Vermutlich liegt dies daran, da der Fokus mehr auf der individuel-len Beratung, welche jeder Kunde in Anspruch nehmen kann, liegt und eine Irritation bei diesem Prozess verhindert werden soll. Die Irritation oder der Irritationseffekt geht mit einem Gefühl der Verunsicherung und Störung einher, welches durch die Werbung aus-gelöst werden kann. Dieses Gefühl führt bei wiederholten Kontakten mit der irritierenden Werbung zu einer Abwehrhaltung beim Rezipienten, was die Akzeptanz- und Überzeu-gungswirkungen der Werbung herabsetzt (Esch, 2018c, S. 1).

4.3. Die taktile Wahrnehmung

Auch wenn die taktile Wahrnehmung aktuell nicht so dominant im Marketing vertreten ist, kann man, laut einer Studie von Balaji festhalten, dass die Produktbeurteilung eines Produkts nach einer taktilen Wahrnehmungserfahrung signifikant positiver ausfällt, als wenn nur eine visuelle- oder akustische Erfahrung gesammelt wird (Balaji et al., 2011, S. 524). Relevant ist dies, weil, wenn die Beurteilung positiv ist steigt auch die Einstel-lung zum Produkt oder Marke und somit auch die Kaufabsicht (Homburg, 2017, S. 41ff.). Das, auf die taktile Warnung bezogene, Fazit für die Globetrotter Ausrüstung GmbH ist in der nachfolgenden Grafik ersichtlich.

Diese Abbildung wurde aus urheberrechtlichen Gründen von der Redaktion entfernt.

Abbildung 6: Die taktile Online- und Offlinewahrnehmung von Globetrotter (in Anlehnung an Globetrotter, 2021, S. 1)

Im Onlinebereich wird der taktile Wahrnehmungsbereich über die Akustik oder visuelle Gestaltung angesprochen (Killian, 2010, S. 47). Diese Ansprache funktioniert jedoch nur aufgrund des sogenannten Irradiationseffekt, welcher im Marketing zu den Ausstrahlungseffekten gehört. Definiert werden Ausstrahlungseffekte als die Beeinflussung der Reaktion auf eine absatzpolitische Maßnahme durch Wirkungen anderer marketingpolitischer Instrumente auf das zu untersuchende Objekt. Die Irradiation bedeutet also, dass von einer Teilleistung auf einen Teil der Produktqualität geschlossen wird (Wübbenhorst et al., 2018, S. 1). Diesen Effekt macht sich auch Globetrotter im Onlinebereich in Form der taktil ansprechenden Bilder, welche in der Abbildung sechs zu sehen sind, zu Nutze. Weiterhin bietet das Unternehmen durch das Rückgaberecht, welches bereits im ersten Kapitel aufgegriffen wurde, die Möglichkeit die Produkte taktil und haptisch auszuprobieren, was auch zudem das Kaufrisiko minimiert (Globetrotter, 2021, S. 1). Doch vor allem im Offlinebereich wird sehr viel auf taktile Reize aufgebaut. Einerseits können alle Produkte in den Erlebnisfilialen ausprobiert und getestet werden. Andererseits achtet Globetrotter auch auf Faktoren wie Bodenhaptik, da der Verkaufsraumboden gut, aber nicht zu sehr, haftet und somit ein optimales Lauferlebnis am Point of Sale gewährleistet.

4.4. Die gustatorische Wahrnehmung

In diesem Unterpunkt des dritten Kapitels geht es um die gustatorische Wahrnehmung. Im stationären Handel wird in Bezug auf diesen Wahrnehmungskanal neben dem eigentlichen Geschmack vor allem das Mouth Feeling aufgebaut (Geist, 2008, S. 66). Mouth

Feeling bezieht sich auf die taktilen Empfindungen im Mund, welche durch Speisen oder Getränke verursacht werden und nichts mit dem eigentlichen Geschmack zu tun haben (Guinard & Mazzucchelli, 1996, S. 213–219; Krishna & Schwarz, 2014, S. 159–168). Die gustatorische Wahrnehmungsgestaltung von Globetrotter ist in der nachfolgenden Folie abgebildet.

Diese Abbildung wurde aus urheberrechtlichen Gründen von der Redaktion entfernt.

Abbildung 7: Die gustatorische Online- und Offlinewahrnehmung von Globetrotter (in Anlehnung an Globetrotter, 2021, S. 1)

Ähnlich wie bei der taktilen Wahrnehmung wird die Gustatorik im Onlinebereich über die Akustik oder visuelle Gestaltung durch Nutzung des Irradiationseffekt angesprochen (Killian, 2010, S. 47; Wübbenhorst et al., 2018, S. 1). Globetrotter veranschaulicht deshalb die angebotenen Nahrungsmittel in den Kategorien Tackingnahrung, Energy Riegel, Trockenfrüchte als auch Snacks und Gewürze den Geschmack über die visuellen Elemente der Website (Globetrotter, 2021, S. 1). Offline in der Erlebnisfiliale gibt es jedoch keine Geschmacksproben und auch keine Banner oder Bilder in der Nähe der angebotenen Produkte.

4.5. Die olfaktorische Wahrung

Der letzte analysierte Bereich der Wahrnehmung bezieht sich auf die Olfaktorik. Die Wichtigkeit und Relevanz für das Marketing von riechen ist deshalb so trivial, da durch die schnellen synaptischen Verbindungen die Reize direkt ins Gehirn gelangen ohne das sie, wie bei der visuellen Wahrnehmung, umfänglich interpretiert werden müssen

(Chylinski, 2011, S. 832–833). Die olfaktorische Wahrnehmung von Globetrotter ist in der nachfolgenden Abbildung übersichtlich abgebildet.

Diese Abbildung wurde aus urheberrechtlichen Gründen von der Redaktion entfernt.

Abbildung 8: Die olfaktorische Online- und Offlinewahrnehmung von Globetrotter (in Anlehnung an Globetrotter, 2021, S. 1)

Generell wird dieser Wahrnehmungsbereich online genauso über die Akustik oder visuelle Gestaltung angesprochen und bedient sich der Irradiation, wie auch bei der Gustatorik oder der taktilen Wahrnehmung (Killian, 2010, S. 47; Wübbenhorst et al., 2018, S. 1). Im Onlinebereich von Globetrotter gibt es jedoch keine Elemente, welche eine olfaktorische Ansprache im Hinblick auf die Nahrungsmittel und Nahrungsmittelzubereitung zum Ausdruck bringen. Gerade im Vergleich zwischen den Online- und Offlinebereich für das Produkt Dutch Oven sind diesbezüglich große Unterschiede erkenntlich, da im stationären Handel eindeutig mit Gerüchen und Bildern gearbeitet wird. Doch nicht nur der Point of Sale an sich hat einen eigenen Geruch zugeordnet bekommen. Nach der Kategorisierung von Laing et al. riecht es in Nähe des Wassers ätherisch und aromatisch, des Bodens ätherisch und holzartig sowie bei den Dutch Oven als auch bei den Gaskochern kapryl- und lauchartig (Laing et al., 1991, S. 98). Alles in allem wird dieser Wahrnehmungsbereich im stationären Handel zu 100% angesprochen und im Onlinehandel gar nicht. Allerdings sollte man nicht unbeachtet lassen, dass Globetrotter nicht hauptsächlich den Geruch von Nahrungsmitteln ansprechen möchte, da diese Produktkategorie nicht so prägnant ist wie beispielsweise die Angebote, welche sich auf die Spezialkleidung beziehen. Ein Beispiel, wo die olfaktorische Wahrnehmungsansprache gut funktioniert, wird im nachfolgenden Kapitel erläutert.

5. Die wahrnehmungsbezogene Erlebnisorientierung

Dieses Kapitel der Präsentationsunterlage beinhaltet den Bezug zur Erlebnisorientierung, welche, wie im dritten Kapitel beschrieben, zu den affektiven Prozessen gehört und aufgrund der synästhetischen Wahrnehmung entsteht beziehungsweise maßgeblich bedingt wird (Brakus et al., 2009, S. 60; Swoboda & Forscht, 2018, S. 1). Doch was genau bedeutet Erlebnisorientierung im Detail? Die Erlebnisorientierung stellt eine absatzpolitische Strategie dar und zielt auf die Anziehung und Bindung eines Kunden über einen längeren Zeitraum ab. Durch die Gestaltung eines ansprechenden Ladendesigns und einer interessanten Warenpräsentation werden im Konsumenten emotionale Reize ausgelöst. Diese sorgen für ein positives Empfinden des Kunden und schaffen in ihrer Gesamtheit eine Erlebniswelt, die das Kauferlebnis deutlich von dem gewöhnlichen Versorgungskauf, der primär funktionale Aspekte betrachtet, unterscheidet (Swoboda, 2018, S. 2017ff.). In Bezug auf diese Definition richtet sich auch die Wahrnehmungsgestaltung von Globetrotter aus. Diese wahrnehmungsbezogene Erlebnisorientierung ist in der nachfolgenden Folie am Beispiel der Emotion Abenteuerlust übersichtlich abgebildet.

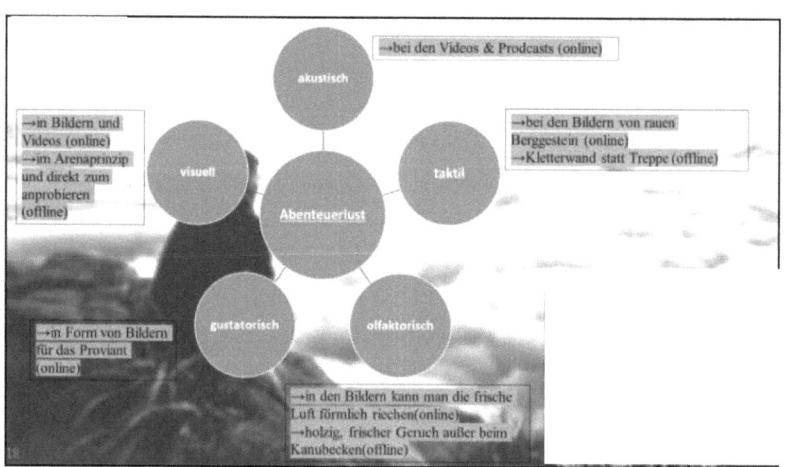

Abbildung 9: Die wahrnehmungsbedingte Erlebnisorientierung von Globetrotter (in Anlehnung an Globetrotter, 2021, S. 1)

Die in der Abbildung dargestellte Abenteuerlust ist eine der hauptsächlich angesprochenen Emotionen der Globetrotter Ausrüstung GmbH. Bei dieser Ansprache muss das Unternehmen vor allem auf eine Vielzahl von unterschiedlichen psychologischen Effekten achten. Ein Beispiel hierfür ist der Cocktail-Party-Effekt, welcher besagt das nur ein Bruchteil aller auf den Menschen einströmenden Reize wahrgenommen wird. Es werden dabei vorrangig die Reize wahrgenommen, welche zu den aktuellen Befindlichkeiten und Emotionen des Menschen passen (Swoboda, 2018, S. 40ff.). Globetrotter muss es daher gelingen für jeden Kunden die Reize so darzustellen, dass diese beachtet werden und im Optimalfall kongruent mit den Emotionen des Kunden sind. Abenteuerlust beschreibt im Übrigen eine innere Erregung einer Person, welche mit einer Lust auf Abenteuer einhergeht (Fries & Albig, 2014, S. 89). Ein Beispiel für diese Emotion ist das Klettern in den Alpen. Fokussiert man sich ausschließlich auf den Onlinebereich, werden alle Sinne angesprochen. Dominant sind hierbei die visuelle- und akustische Sinnesansprache. Aber auch die anderen Sinne werden mithilfe von Bildern und akustischen Videountermalungen gewährleistet. Betrachtet man wiederum den Offlinebereich lässt sich feststellen, dass auch hier die Wahrnehmungsansprache allumfassend ausgestaltet ist, wenn man sich am Point of Sale einer Beratung unterzieht. Mithilfe von Frischedüften, angenehmer Haptik, guter visueller Ausgestaltung, akustischer Untermalung bei der Beratung sowie der Möglichkeit die Kletterausrüstung sofort auszuprobieren wird diese Beispielsemotion mit diesen Beispielsfaktoren daher im Offlinebereich garantiert. Die synästhetische Wahrnehmung trägt daher online als auch offline maßgeblich zur Erlebnisorientierung bei und ist auch essentiell für die Vermittlung von Emotionen (Esch et al., 2012, S. 13–30; Pfefferkorn, 2013, S. 57). Es lässt sich also zusammenfassend festhalten, dass Globetrotter online als auch offline für eine sehr gute Erlebnisorientierung mithilfe einer synästhetischen Wahrnehmungsansprache sorgt. Zu alledem sollte auch beachtet werden, dass bei der Multi-Channel-Strategie von den Kunden meist nicht nur ein Kanal in Anspruch genommen wird. Erst durch die Summe alle Kanäle und aller Wahrnehmungsbündelungen lässt sich diese Erlebniswelt für den Konsumenten überhaupt gewährleisten.

6. Zusammenfassung und Ausblick

In diesem finalen Kapitel der Präsentationsunterlage soll es zunächst um die Zusammenfassung der praktischen und theoretischen Resultate gehen. Hierzu ist es letztlich noch gut zu wissen wie sich die Globetrotter Ausrüstung GmbH als Marke überhaupt positioniert. Positionierung bezeichnet die zielgerichtete Einordnung eines Objektes oder einer Marke in einem mehrdimensionalen Merkmalsraum (Kirchgeorg, 2018b, S. 1). Nach den zwölf Archetypen nach Carol Pearson stellt sich die Marke Globetrotter demnach eindeutig als Entdecker dar (Pearson, 2019, S. 512). Vor allem aber ist, laut dem Sortiment von Globetrotter, das Hauptaugenmerk auf der Kategorie Bekleidung. Hierzu fand Kilian in einer Studie heraus, dass der Sehsinn und der Tastsinn der relevanteste Wahrnehmungskanal beim konsumieren dieser Produktkategorie ist (Kilian, 2019, S. 47). Die Anwendung und Umsetzung dieser Studie ist in der nachfolgenden und letzten Abbildung ersichtlich abgebildet.

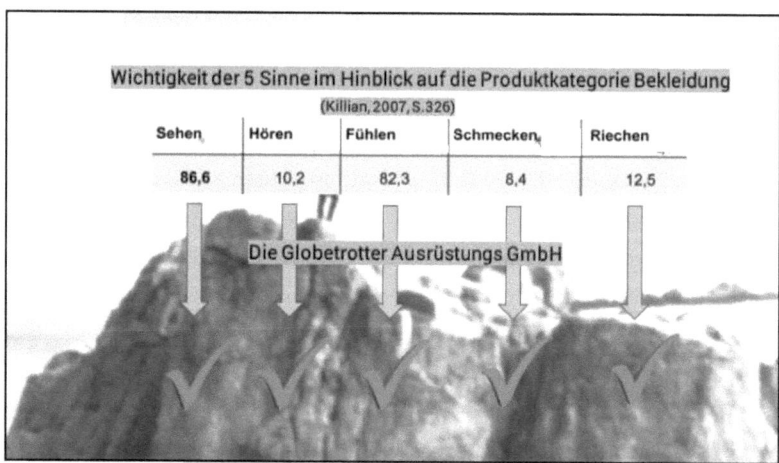

Abbildung 10: Die Umsetzung der synästhetischen Wahrnehmung (in Anlehnung an Kilian, 2019, S. 47)

Wenn man also diese letzte Abbildung betrachtet, lässt sich feststellen, dass Globetrotter auf allen Channels die visuelle- und taktile Wahrnehmungsansprache voll und ganz in ihrer Marketingstrategie implementiert haben. Selbst das Sound Branding nutzt Globetrotter sinnvoll und bedient an sich an deren Funktionalität. Das einzige Manko, welches aber auch größtenteils erfüllt wird, bezieht sich auf die olfaktorische- und gustatorische

Wahrnehmung. Vor allem im Onlinebereich sollte mehr auf die olfaktorischen Reize gesetzt werden und im Offlinebereich verstärkt auf die Gustatorik. Dies könnte beispielsweise durch Kostenproben am Point of Sale und durch visuelle Bilder oder Videosequenzen gestärkt werden. Hierbei ist allerdings auch der Kosten-Nutzen-Aufwand zu berücksichtigen. Es gilt daher dem Unternehmen zu empfehlen eine vergleichende Bewertung von Objekten oder Handlungsalternativen (Kosten-Nutzen-Analyse) durchzuführen (Müller-Stewens et al., 2018, S. 1). Apropos Kosten-Nutzen-Analyse sollte noch einmal die Frage aus der Einleitung aufgegriffen werden. Es galt darin zu klären wie ein Unternehmen also eine Werbestrategie implementieren kann, bei welcher nicht nur viel Input (Kosten) für kaum/keinen Output (Kunden) entsteht? Die Antwort spiegelt sich unter anderen in dem Umsatz von Globetrotter in Deutschland von dem Jahr 2005 bis zum Jahr 2019 mit einer Verdopplung wider (Hohmann, 2020, S. 1). Da sich der Umsatz also maximiert hat und Globetrotter schon seit vielen Jahren die Multisensualität und Erlebnisorientierung in ihrer Werbestrategie aufweist, kann hiermit ein Rückschluss gezogen werden. Es spielen zwar auch andere Unternehmenswerte, wie beispielsweise das angesprochene Social Business Konzept, eine zentrale Rolle, jedoch wäre Globetrotter ohne diese synästhetische Wahrnehmungsansprache mit der darin eingeschlossenen Erlebnisorientierung nicht da wo sie heute sind.

Zuletzt sollte noch Kritik an dieser Präsentationsunterlage ausgeübt werden, welche auch gleichzeitig als Appell an die zukünftige Forschung gedacht ist. In dieser literarischen Arbeit wurde ein Unternehmen von vielen betrachtet, worauf sich auch die Rückschlüsse und das Fazit dieser Arbeit beruhen. Es wäre daher angebracht auch andere Globetrotterfilialen oder gar Unternehmen aus anderen Branchen zu analysieren. Es würde sich auch anbieten eine Konkurrenzanalyse beziehungsweise Benchmarkanalyse mit dem größten Rivalen Decathlon aufzustellen. Weiterhin sollte künftig mehr über die Themen Wahrnehmung im Onlinehandel sowie Social Media und Multisensualität geforscht werden, da diese Themen aktuell nicht beziehungsweise kaum erforscht sind. An dieser Stelle sollte auch nochmal an den Forschungsappell von Esch verwiesen werden, welcher selbst den generell geringen Forschungsstand dieser Themen betont (Esch, 2018a, S. 1). Des Weiteren werden die Sonderformen der Wahrnehmung beziehungsweise der sechste- und siebente Sinn in dieser Präsentationsunterlage aufgrund der mangelnden Literaturressourcen außen vorgelassen. Damit ist die kinästhetische Wahrnehmung (Bewegungswahrnehmung) und der Gleichgewichtssinn (vestibuläre Wahrnehmung) in Bezug auf die Multisensualität und Erlebnisorientierung gemeint. Es wäre daher anzuraten in Zukunft auch dieses Thema mehr zu analysieren. Zu alledem spielt auch die aktuelle Covid-19 Viruspandemie eine entscheidende Rolle, welche es noch zu erwähnen gilt. Gerade in Anbetracht der Analyse der Globetrotter Erlebnisfiliale lassen sich zum aktuellen Zeitpunkt nicht alle Angebote zur Erlebnisorientierung umsetzen. Die Pandemie sollte also in Bezug zum Erlebniseinkauf auch mehr unter die Lupe genommen werden. All diese Faktoren gehen natürlich aufgrund des vorgegebenen Seitenumfangs nicht zu berücksichtigen, sollten jedoch in weiteren literarischen Arbeiten detaillierter betrachtet werden. Das Resultat dieser Präsentationsunterlage, welches auch nicht ungeachtet bleiben sollte, da es eine Optimallösung beziehungsweise einen neuen Ansatz für das Marketing in den übersättigten Märkten liefert, ist demnach nur als Anfang eines weiten Weges mithilfe der Multisensualität sowie Erlebnisorientierung zu verstehen.

7. Literaturverzeichnis

Balaji, M. S., Raghavan, S. & Jha, S. (2011). Role of tactile and visual inputs in product evaluation: a multisensory perspective. Asia Pacific Journal of Marketing and Logistics, 23(4), 513–530. https://doi.org/10.1108/13555851111165066

Bendel, O. (13. Juli 2021). Definition: Sharing Economy. Springer Fachmedien Wiesbaden GmbH. https://wirtschaftslexikon.gabler.de/definition/sharing-economy-53876/version-384536

Brakus, J. J., Schmitt, B. H. & Zarantonello, L. (2009). Brand Experience: What Is It? How Is It Measured? Does It Affect Loyalty? Journal of Marketing, 73(3), 52–68. https://doi.org/10.1509/jmkg.73.3.52

Chylinski, M. (2011). Sensory marketing: research on the sensuality of products. Journal of Economic Psychology, 32(5), 832–833. https://doi.org/10.1016/j.joep.2011.03.013

Esch & Franz-Rudolf (16. Februar 2018). Definition: Markenführung, multisensuale. Springer Fachmedien Wiesbaden GmbH. https://wirtschaftslexikon.gabler.de/definition/markenfuehrung-multisensuale-51789/version-274940

Esch, F.-R. (16. Februar 2018a). Definition: Irritation. Springer Fachmedien Wiesbaden GmbH. https://wirtschaftslexikon.gabler.de/definition/irritation-40386/version-263771

Esch, F.-R. (16. Februar 2018b). Definition: Multisensuale Markenkommunikation. Springer Fachmedien Wiesbaden GmbH. https://wirtschaftslexikon.gabler.de/definition/multisensuale-markenkommunikation-51933/version-275084

Esch, F.-R., Gawlowski, D. & Rühl, V. (2012). Erlebnisorientierte Kommunikation sinnvoll gestalten und managen. In H. H. Bauer (Hrsg.), Erlebniskommunikation: Erfolgsfaktoren für die Marketingpraxis (S. 13–30). Springer. https://doi.org/10.1007/978-3-642-21133-1_2

Esch, F.-R. & Krieger, K. (2009). Multisensuale Markenkommunikation: Marken mit allen Sinnen erlebbar machen. https://www.esch-brand.com/wp-content/uploads/2018/04/multisensuale_markenkommunikation_usp.pdf

Fries, A. & Albig, J.-U. (2014). Afrika: 1415 - 1960 ; die Geschichte eines Kontinents. Geo Epoche: Bd. 66. Gruner + Jahr.

Geist, C. (2008). Multisensuelle Markenführung: Markeninszenierung über fünf Sinne als Differenzierungsgröße und Kundenbindungsfaktor. VDM Verlag.

Globetrotter. (2021). Alles über Globetrotter. https://www.globetrotter.de/ueber-globetrotter/

Guinard, J.-X. & Mazzucchelli, R. (1996). The sensory perception of texture and mouthfeel. Trends in Food Science & Technology, 7(7), 213–219. https://doi.org/10.1016/0924-2244(96)10025-X

Heil, S. (1999). Visual Merchandising: Arena Prinzip. https://www.multi-sensorik.com/glossary/arena-prinzip/

Heinemann, M. (2019). Erlebnisshopping statt Kauf-per-Klick - Wir verkaufen Emotionen. https://www.deutschlandfunkkultur.de/erlebnisshopping-statt-kauf-per-klick-wir-verkaufen.976.de.html?dram:article_id=443994

Hohmann, M. (2020, 12. November). Umsatz von Globetrotter bis 2019. https://de.statista.com/statistik/daten/studie/287985/umfrage/umsatz-von-globetrotter-in-deutschland/

Homburg, C. (2017). Marketingmanagement: Strategie - Instrumente - Umsetzung - Unternehmensführung (6., überarbeitete und erweiterte Auflage). Springer Gabler. https://doi.org/10.1007/978-3-658-13656-7

Hultén, B. (2011). Sensory marketing: the multi-sensory brand-experience concept. European Business Review, 23(3), 256–273. https://doi.org/10.1108/09555341111130245

Hurth, J. (2002). Multi Channel-Marketing und E-Commerce – Zwischen Aktionismus und Mehrwert, 2002.

Kilian, K. (2019). Multisensuale Markenführung: Marken mit allen Sinnen erlebbar machen. In F.-R. Esch (Hrsg.), Springer Reference Wirtschaft. Handbuch Markenführung (S. 1–772). Springer Fachmedien Wiesbaden. https://doi.org/10.1007/978-3-658-13342-9_38

Killian, K. (2010). Multisensuales Marketing - Marken mit allen Sinnen erlebbar machen. https://www.researchgate.net/publication/275824581_Multisensuales_Marketing_-_Marken_mit_allen_Sinnen_erlebbar_machen

Kirchgeorg, M. (15. Februar 2018a). Definition: Positionierung. Springer Fachmedien Wiesbaden GmbH. https://wirtschaftslexikon.gabler.de/definition/positionierung-44012/version-267333

Kirchgeorg, M. (15. Februar 2018b). Definition: Wahrnehmung. Springer Fachmedien Wiesbaden GmbH. https://wirtschaftslexikon.gabler.de/definition/wahrnehmung-50253/version-273475

Krishna, A. & Schwarz, N. (2014). Sensory marketing, embodiment, and grounded cognition: A review and introduction. Journal of Consumer Psychology, 24(2), 159–168. https://doi.org/10.1016/j.jcps.2013.12.006

Kroeber-Riel, W., Gröppel-Klein, A. & Weinberg, P. (2009). Konsumentenverhalten (10. Aufl.). Vahlens Handbücher der Wirtschafts- und Sozialwissenschaften. Vahlen.

Kroeber-Riel, W. & Weinberg, P. (2003). Konsumentenverhalten (8. Aufl.). Vahlens Handbücher der Wirtschafts- und Sozialwissenschaften. Vahlen.

Laing, D. G., Doty, R. L. & Breipohl, W. (1991). The Human Sense of Smell. Springer Berlin Heidelberg. https://doi.org/10.1007/978-3-642-76223-9

Mai, J. (2021, 6. August). Optische Täuschung: 9 faszinierende Beispiele + Erklärung. https://karrierebibel.de/optische-taeuschung/

Maier, G. W., Esch, F.-R., Kirchgeorg, M. & Nissen, R. (16. Februar 2018). Definition: Emotion. Springer Fachmedien Wiesbaden GmbH. https://wirtschaftslexikon.gabler.de/definition/emotion-35195/version-258683

Mayer, A. (2020). Bildergalerie: So will Globetrotter den Erlebniseinkauf neu definieren | Rubrik: Szene / Fachhandel sport-FACHHANDEL. https://www.sport-fachhandel.com/de,de/fachhandel/szene/bildergalerie-so-will-globetrotter-den-erlebniseinkauf-neu-definieren,article00012125.html

Misek-Schneider & Karla. (2014). Emotion und Motivation. https://slideplayer.org/slide/216893/

Müller-Stewens, G., Eggert, W. & Minter, S. (14. März 2018). Definition: Kosten-Nutzen-Analyse. Springer Fachmedien Wiesbaden GmbH. https://wirtschaftslexikon.gabler.de/definition/kosten-nutzen-analyse-40767

Neumann, D. (2006). Erlebnismarketing - Eventmarketing: Grundlagen und Erfolgsfaktoren (2., unveränd. Aufl.). VDM-Verl. Müller. http://deposit.d-nb.de/cgi-bin/dokserv?id=2836298&prov=M&dok_var=1&dok_ext=htm

Nölke, S. V. & Gierke, C. (2011). Das 1x1 des multisensorischen Marketings: Multisensorisches Branding, Marketing mit allen Sinnen, umfassend, unwiderstehlich, unvergesslich. Ed. comevis.

NotaSensorik®. (2010). Wie schmeckt Glück?

NOVALNET AG. (2020). Tracking URL. https://www.novalnet.de/ecommerce-lexikon/tracking-url

Pearson, C. S. (2019, 1. Oktober). Die 12 seelischen Archetypen. https://www.buecher.de/shop/bewusstsein/die-12-seelischen-archetypen/pearson-carol-s-/products_products/detail/prod_id/56008676/

Pfefferkorn, A. (2013, August). Akustik, Olfaktorik und Haptik als Instrumente des erlebnisorientierten Marketings: Inwieweit fühlt sich der Konsument hintergangen? https://monami.hs-mittweida.de/frontdoor/deliver/index/docId/4431/file/BA_Anna_Pfefferkorn.pdf

Salvenmoser, C. (2008). Haptische Markenkommunikation. VDM Verl. Dr. Müller.

Schmeling, P. von. (2016, 8. Dezember). Omnichannel & Multichannel Marketing, kennen Sie den Unterschied? https://www.divia.de/blog/omnichannel-multichannel-marketing-kennen-sie-den-unterschied

Springer, C. (2008). Multisensuale Markenführung: Eine verhaltenswissenschaftliche Analyse unter besonderer Berücksichtigung von Brand Lands in der Automobilwirtschaft (1. Aufl.). Innovatives Markenmanagement. Gabler Verlag. http://gbv.eblib.com/patron/FullRecord.aspx?p=751697

Steiner, V. (2009). Modellierung des Kundenwertes: Ein branchenübergreifender Ansatz. Gabler Verlag. https://www.springer.com/de/book/9783834916266

Swoboda, B. (2018). Handelsmanagement: Offline-, Online- und Omnichannel-Handel (4. Aufl.). Franz Vahlen. https://doi.org/10.15358/9783800653522

Swoboda, B. & Forscht, T. (20. Februar 2018). Definition: Käufer- und Konsumentenverhalten. Springer Fachmedien Wiesbaden GmbH. https://wirtschaftslexikon.gabler.de/definition/kaeufer-und-konsumentenverhalten-38232/version-133510

Traindl, A. (2010). Store Branding für alle Sinne : neurowissenschaftliche Erkenntnisse und praxisrelevante Anregungen für eine wirkungsvolle multisensuale

Kommunikation am Point of Sale. Wie Marken wirken : Impulse aus der Neuroöko-
nomie für die Markenführung.

Trommsdorff, V. & Teichert, T. (2011). Konsumentenverhalten (8. Aufl.). Kohlhammer
Edition Marketing. Verlag W. Kohlhammer. http://d-nb.info/1011067757/04

Weiber, R. (1996). Was ist Marketing? Ein informationsökonomischer Erklärungsansatz
(2. Aufl.). Arbeitspapier zur Marketingtheorie: Bd. 1. Trier.

Wübbenhorst, K., Kirchgeorg, M. & Markgraf, D. (16. Februar 2018). Definition: Ausstrahlungseffekte. Springer Fachmedien Wiesbaden GmbH. https://wirtschaftslexi-
kon.gabler.de/definition/ausstrahlungseffekte-27748/version-251390

Zukunftsinstitut. (2017). Social Business: Ein Überblick. https://www.zukunftsinsti-
tut.de/artikel/social-business-ein-ueberblick/

Zukunftsinstitut. (2021a). Megatrend Neo-Ökologie. https://www.zukunftsinsti-
tut.de/dossier/megatrend-neo-oekologie/

Zukunftsinstitut. (2021b). Shareconomy und die Zukunft des Wir. https://www.zu-
kunftsinstitut.de/artikel/shareconomy-und-die-zukunft-des-wir/